Oz

LA VÉNÉRABLE MÈRE

DONA BÉATRIX DE SILVA

TOULOUSE

L. HÉBRAIL, DURAND ET DELPUECH
5, rue de la Pomme, 5.

1879

LA VÉNÉRABLE MÈRE

DONA BÉATRIX DE SILVA

LA VÉNÉRABLE MÈRE

DONA BÉATRIX DE SILVA

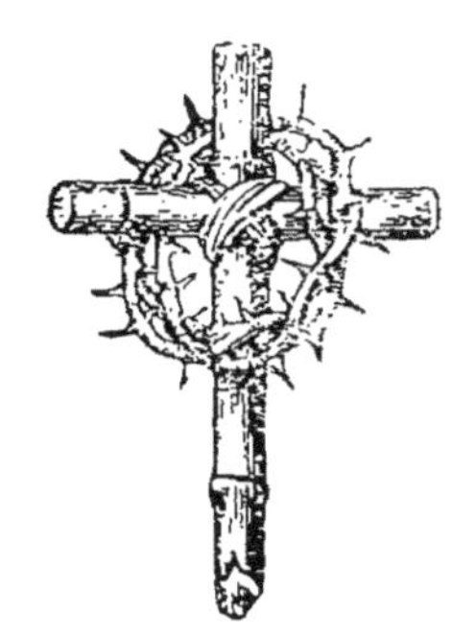

TOULOUSE

L. HÉBRAIL, DURAND ET DELPUECH

5, rue de la Pomme, 5.

1879

DONA BÉATRIX DE SILVA

Vie admirable de l'excellente et sainte dame Dona Beatrix de Silva, vierge excellemment chaste et fondatrice de l'ordre illustre de la Très-Sainte Vierge MARIE.

C'est par ce titre que l'historien franciscain, à qui nous devons la Vie de la vénérable servante de DIEU, annonce, dans la *Chronique de la Religion de notre Père saint François* [1], le récit dont nous donnons une traduction abrégée.

Dona Beatrix de Silva, sœur du B. Amédée, une autre gloire de l'ordre Séraphique, naquit dans la noble cité de Campo Major, qui se

---

[1] *Chronica de la Religion de N. S. P. S. Francis.* Septima parte, lib. II, cap. xxxii. — Madrid, 1729.

trouve dans l'évêché de Helvas en Portugal. La nature, la grâce et la fortune avaient multiplié leurs dons sur la tête de cette enfant destinée à procurer à Dieu tant de gloire. Les récits contemporains sont impuissants à dire ce que le Ciel avait accordé de beauté, de modestie et de vertu à cette créature privilégiée, qui n'avait pas sa pareille en Portugal et en Castille. Digne sans orgueil, grande sans fierté, d'une grâce exquise sans recherche, discrète comme par une sorte d'instinct, elle voulait, avant tout et par-dessus tout, être animée de l'esprit de la véritable piété.

Rien ne paraissait manquer à la perfection morale et physique de celle que la miséricorde divine avait destinée à devenir la fondatrice de l'ordre de l'Immaculée-Conception. La bonté infinie s'était plue à préparer pour l'honneur de la très-sainte Vierge un instrument digne de ses desseins.

Les nombreuses et brillantes qualités de Dona Béatrix, qui faisaient l'admiration de tous ceux qui la connaissaient, engagèrent la reine Dona Isabelle, fille du roi de Portugal et seconde épouse de Jean II, roi de Castille, à la prendre avec elle lorsqu'elle partit pour se rendre dans la cour du roi, à qui elle avait été donnée en mariage. Le mérite personnel de la servante de Dieu s'ajoutant à la parenté qui l'unissait à la reine Isabelle, il serait impossible d'exprimer en quelle estime elle était auprès de cette princesse, dont elle devint la compagne inséparable. Il n'était pas de services que, grâce à ses rares qualités, elle ne rendît à sa souveraine, dont elle était à la fois le conseil, la joie et le modèle. Isabelle se plaisait à constater avec un secret orgueil que, pareille à la rose entre les fleurs, et à la lune entre les étoiles, cette créature si parfaite, qu'elle avait amenée du Portugal, l'emportait sur toutes les dames de la Castille.

La félicité de la terre est loin de reposer sur des fondements solides : les disgrâces qui affligèrent subitement Dona Beatrix en sont une preuve évidente. La paix dont elle jouissait ne dura que jusqu'au moment, qui ne tarda pas à venir, où une foule de concurrents se présentèrent, se disputant l'honneur de lui offrir leur main. Ces compétitions ardentes ne furent pas le seul chagrin qu'eut à supporter la servante de Dieu : la reine elle-même s'en émut, et bientôt se laissa aller à une jalousie que rien ne pouvait justifier. Les troubles dont l'innocente Béatrix fut l'occasion, ne servirent qu'à rendre plus amère la tristesse de son âme. La cour de Castille fut en effet changée en une espèce d'arène, dans laquelle les prétendants de Béatrix engagèrent des luttes sanglantes. Au rapport de l'annaliste de ce temps, plusieurs des compétiteurs périrent dans les combats singuliers qu'ils se livrèrent avec fureur. Au milieu de cet effroyable désordre qui ensanglantait la ville et le palais, la pauvre vierge qui en était l'occasion cherchait les asiles les plus reculés pour se livrer à la douleur de se voir vouée, sans qu'il y eût de sa faute, à une pareille disgrâce. Cependant la reine, emportée par la jalousie, ne tarda pas à se persuader que le roi, séduit par la perfection de Béatrix, s'était laissé entraîner lui-même à une affection coupable. Toute la tendresse que cette princesse avait témoignée jusque-là à sa vertueuse suivante se changea en une aveugle colère.

Il était impossible de surprendre dans Béatrix le plus léger manquement à la réserve la plus absolue, ou de signaler un oubli dans l'accomplissement de tout ce qu'elle devait à sa souveraine; mais la passion voit partout un outrage, et il n'était rien dans la conduite de l'innocente victime qui ne fût mal interprété et qui n'excitât à la vengeance la reine de Castille. Résolue de se débarrasser à tout prix de celle qu'elle regardait avec tant d'injustice comme sa rivale, et abusant de la puissance que lui donnait son rang, elle chargea ses confidents de l'enfermer vive dans un espèce de cercueil, avec ordre formel de l'y tenir trois jours entiers, sans lui donner aucune nourriture. La cruelle princesse voulait que si Béatrix ne mourait pas suffoquée, elle succombât, du moins aux tourments de la faim.

Quelques auteurs, trop enclins à l'indulgence,

osent attribuer à l'amour de la justice et non aux sentiments jaloux de la reine son ordre barbare. Ils prétendent, en effet, que cette souveraine, induite méchamment en erreur, s'était crue obligée de rendre responsable des tragédies sanglantes qui désolaient la cour, la chaste et innocente Béatrix.

Cette excuse, outre qu'elle a contre elle la barbarie insolite du châtiment infligé, barbarie qui ne peut s'expliquer que par l'excès d'une passion cruelle, est formellement en opposition avec l'information faite par l'autorité ecclésiastique pour la canonisation de l'illustre servante de DIEU. L'histoire contemporaine et authentique de Dona Béatrix, conservée dans les archives du couvent de la *Conception*, premier monastère de l'ordre, à Tolède, ne laisse pas non plus de doute à ce sujet. Nous lisons, en effet, dans ce manuscrit, cité comme une autorité incontestable par les plus graves auteurs, ce qui suit : « La B. Dona Béatrix suivit en Castille la reine Isabelle, qui lui donna une place dans son palais, et la tint en grande estime, parce qu'elle était de sang royal et que personne n'égalait sa grâce et sa beauté, qui lui valurent, parmi les grands du royaume, une foule de prétendants. Tel était, en effet, le don admirable dont DIEU l'avait enrichie, que la reine en conçut une jalousie violente et se porta dans sa fureur jusqu'à la faire enfermer vivante dans un coffre. Ce fut dans la ville de Tordesillas que s'accomplit ce forfait, et la servante de Dieu demeura trois jours entiers dans ce supplice sans qu'aucune main secourable lui donnât quelque chose à boire ou à manger. »

Béatrix, condamnée à un supplice aussi horrible, éleva son cœur vers le ciel, et, faisant vœu d'une perpétuelle chasteté en l'honneur de l'immaculée Vierge Marie, pour laquelle elle avait toujours eu la plus tendre dévotion, elle promit à cette Reine auguste de se consacrer pour toujours, loin du monde, à son service, si elle daignait la délivrer de l'extrémité cruelle où elle était réduite. La Mère de Miséricorde se hâta de répondre à cette confiance ; la nuit suivante, Béatrix la vit apparaître au milieu d'une auréole resplendissante, vêtue d'une blanche tunique et couverte d'un manteau couleur d'azur, dans le costume adopté plus tard par la Religieuse de la Très-Pure-Conception. La très-douce Vierge adressa à sa fidèle servante des paroles pleines de consolation, la fortifia dans son épreuve, et rendant témoignage à sa parfaite innocence, elle l'assura pour toute la vie de sa protection maternelle. Elle lui dit qu'avant trois jours elle serait délivrée de ceux qui la persécutaient, et ajouta qu'elle la destinait à fonder un ordre nouveau en l'honneur de sa Conception immaculée. La Reine du ciel lui fit savoir en même temps que l'habit de ses religieuses devait être pareil à celui qu'elle portait elle-même.

La sainte Vierge disparut ensuite, laissant Béatrix pleine d'une ineffable consolation et plus résolue que jamais à tenir ses promesses, qu'elle renouvela avec ardeur. Elle resta si profondément absorbée en DIEU et dans le sentiment des gloires incomparables de sa Mère immaculée, que les trois jours de son obscur emprisonnement dans son cercueil ne lui parurent qu'un instant, bien qu'elle fût privée en même temps de nourriture et de sommeil. Lorsque le délai fixé par la reine fut écoulé, ceux qui l'avaient enfermée furent grandement étonnés de la retrouver vivante, et remarquèrent avec admiration que sa beauté, loin d'avoir été flétrie par ce rude supplice, n'en était que plus éclatante. Emus de compassion et poussés par un sentiment que DIEU se plut à leur inspirer, ils la mirent en liberté et lui fournirent eux-mêmes tout ce qui était nécessaire pour assurer sa fuite. Béatrix, désireuse d'accomplir au plus tôt ce qu'elle avait promis et de quitter un monde où ses rares perfections lui avaient fait rencontrer de si terribles épreuves, disposa tout pour se rendre promptement à Tolède et chercher un asile dans le célèbre monastère de Saint-Dominique-le-Royal. Elle voulait prévenir les poursuites de la reine, et se mettre en sûreté, en attendant que la divine Providence préparât ce qui était nécessaire pour entreprendre la fondation à laquelle elle était destinée.

A l'aide d'un déguisement imposé par l'urgence du péril, la fugitive pressait ses pas, lorsqu'elle aperçut deux religieux franciscains qui, l'appelant à haute voix, l'engageaient à s'arrêter. Les malheureux sont inclinés naturellement à voir partout un danger ou une nouvelle tristesse : il ne faut donc pas s'étonner que Béatrix pensât que la reine avait eu connaissance de son évasion et avait fait décréter sa mort. Les deux religieux qui la suivaient rapidement avaient été sans doute expédiés pour l'assister en ce moment terrible et la fortifier par le secours des sacrements et de leurs saintes exhortations.

DIEU, qui permettait cette épouvante, permit aussi qu'en ce moment critique la sainte oubliât les consolantes promesses de l'immaculée Reine du ciel, l'assurance qu'elle lui avait donnée de sa protection et du choix qu'elle avait fait d'elle pour fonder un ordre religieux destiné à honorer sa Conception très-pure. Nous ne saurions redire toutes les souffrances des quelques instants que les deux franciscains mirent à la rejoindre. Dès qu'ils furent arrivés près d'elle, ils la rassurèrent d'un seul mot, et la bienheureuse recouvra immédiatement un calme qui ne peut être comparé qu'à l'angoisse par laquelle elle venait de passer. Après qu'ils lui eurent adressé un salut qui la remplit de consolation, l'un des religieux lui dit, en portugais, qu'ils connaissaient parfaitement le motif de sa fuite et de sa frayeur ; il ajouta qu'elle pouvait bannir toute crainte, Dieu voulant lui donner une nombreuse postérité qui la rendrait une des Mères les plus heureuses de l'Espagne. « Comment s'accomplira ce que vous m'annoncez, répondit-elle avec une admirable modestie, puisque je me suis donnée à Dieu par le vœu de perpétuelle chasteté ? Je ne consentirai jamais à revenir sur ma promesse, alors même que l'empereur me demanderait en mariage. — Rien n'est impossible à Dieu, » répondirent les religieux. Ces simples paroles suffirent pour rappeler à Dona Béatrix les promesses de la sainte Vierge. Elle comprit alors ce qu'il fallait entendre par cette postérité nombreuse dont il lui était parlé.

Nos voyageurs continuèrent ensuite leur route en s'entretenant pieusement : chacune des paroles de ces saints personnages était pour Béatrix comme un trait de feu qui perçait son cœur en y allumant les flammes d'un amour ardent pour Notre-Seigneur. Comme ils arrivaient près d'une hôtellerie, les voyageurs disparurent subitement, laissant la servante de Dieu admirablement consolée et animée d'une vigueur nouvelle pour remplir les devoirs de sa sainte vocation. Elle resta persuadée que l'un de ces mystérieux compagnons que le Ciel lui avait donnés était le glorieux patriarche saint François d'Assise, et le second, saint Antoine de Padoue, pour lesquels elle avait été toujours animée d'une spéciale dévotion. La rencontre dont il vient d'être question augmenta encore sa confiance envers ces deux grands saints. Elle fut fidèle, tous les ans, au jour de leur fête, à leur donner des preuves manifestes de sa reconnaissance.

Arrivée à Tolède et suivie seulement de deux servantes, Dona Béatrix ne perdit pas un moment, et courut se réfugier dans le célèbre couvent de Saint-Dominique-le-Royal. Ce fut là que, sous un vêtement séculier, conforme à celui que portaient les personnes honnêtes de son temps, elle passa quarante années dans la pratique des vertus les plus héroïques, avançant chaque jour dans la voie de la perfection et se signalant par des actions surnaturelles qui tiennent du prodige.

Béatrix avait l'assurance de n'être nullement responsable des désordres dont les grandes qualités que le Ciel lui avait accordées avaient été l'occasion. Elle résolut néanmoins de faire ce qui était en son pouvoir, pour éviter, à ceux avec lesquels elle pourrait avoir à traiter, toute apparence de péril, et se condamna à ne paraître que le visage couvert d'un voile blanc qui, dérobant l'éclat de sa beauté, était destiné en même temps à l'abriter contre les regards indiscrets. Elle garda cette pratique jusqu'à sa mort, survenue seulement quarante ans plus tard, avec une telle fidélité, que, si l'on excepte la sérénissime reine Isabelle la Catholique, aucune créature humaine ne put désormais contempler ses traits. Elle poussait la rigueur jusqu'à ne pas se découvrir même devant les deux femmes qui la servaient, et ne soulevait son voile qu'autant qu'il le fallait absolument lorsqu'elle devait prendre sa nourriture ou son sommeil. Les écrivains contemporains ne nous disent pas ses autres mortifications corporelles ; il faut sans doute interpréter leur silence en ce sens que ce qu'ils ont raconté de la modestie de cette illustre vierge est une preuve suffisante de l'esprit pénitent qui l'animait, et conclure qu'on est en droit de tout supposer, dans une âme capable d'une résolution aussi héroïque.

Tout en continuant sa vie d'austérité, l'illustre vierge s'avançait à grands pas dans la pratique de toutes les vertus. Le calme du monastère favorisait la bonne volonté de cette grande âme, qui trouvait dans les qualités excellentes dont Dieu l'avait enrichie, une excitation perpétuelle à s'élever à la plus haute perfection. Comme elle n'ignorait pas que le moyen de la rendre ferme et assurée était de l'établir solidement sur le mépris d'elle-même, elle travaillait avec une telle ardeur à cette œuvre, que tout dans sa conduite, parole, action, mouvement, témoignait du mépris qu'elle avait d'elle-même. Quoiqu'elle portât du sang royal dans ses veines, elle ne pouvait souffrir qu'on lui témoignât les égards dus à son rang ; ce n'était pas seulement comme des égales, mais même comme des

supérieures qu'elle traitait les personnes avec lesquelles elle vivait, et les marques de déférence
dont elle usait envers elles dépassent toute imagi-
nation. Tant qu'elle demeura dans le couvent de
Saint-Dominique, elle ne voulut pas se lier par le
vœu d'obéissance ; mais elle exécutait les ordres de
la prieure avec une soumission aussi complète
que si elle y avait été obligée par un lien religieux.

Sa foi, sa religion, sa piété, le respect qui l'animait envers Dieu, brillèrent avec éclat dans la
maison qui l'abritait. Elle s'accordait à peine deux
heures de repos, pour consacrer le reste du jour
et de la nuit à l'oraison. Assidue à s'approcher
des sacrements, on la voyait assister à toutes les
messes qui se célébraient dans le monastère, et
elle ne manquait pas de se trouver au chœur avec
les religieuses à l'heure de tous les offices. Il serait
difficile de dire avec quelle édification elle suivait
ces saints exercices. La matière quotidienne de son
oraison était la Passion de Notre-Seigneur Jésus-
Christ ; elle se plongeait avec tant de puissance
dans les réflexions et les sentiments qui lui étaient
inspirés par ce douloureux mystère que, souvent,
de longues heures s'écoulaient sans qu'elle s'en
aperçût. Sa dévotion envers la sainte Vierge, et spé-
cialement envers sa Conception immaculée, était
telle qu'il plut à cette douce et puissante Reine de
la choisir pour être la fondatrice d'un ordre religieux. Des grâces nombreuses furent en outre la

récompense du dévouement de cette illustre vierge
pour la Mère de Dieu. On ne s'étonnera pas, après
tout ce qui a été dit de la délicatesse de sa religion,
que Dona Béatrix témoignât aux prêtres un singu-
lier respect : elle avait la dignité sacerdotale en si
grande vénération, qu'elle ne pouvait parvenir à
contenter le désir qu'elle avait de les honorer.

Que dire de son espérance qui l'aida à triompher des immenses épreuves qu'elle rencontra
dans la vie et des obstacles qui s'opposèrent à ses
entreprises ? Ces grands sentiments de foi et de
confiance allumèrent dans cette âme privilégiée
les flammes de la divine charité, et l'amour divin
brûla dès lors dans son cœur sans que rien pût
en éteindre les vives ardeurs. Quelques mots, em-
pruntés à la déposition des témoins dans le procès
qui fut instruit après sa mort, résument admirablement sa vie : « Tout porte à croire que la servante de Dieu n'a jamais commis de faute grave :
quant aux péchés véniels, elle les évitait autant
qu'il lui était possible, et jamais on ne put surprendre en elle parole ni action qui ne fût parfaitement conforme à la loi de Dieu. Ce qu'elle faisait, elle travaillait de tout son pouvoir à le faire
observer par les autres. »

Ce soin jaloux de conserver sa pureté sans tache
était couronné par le sentiment qui est la preuve
la plus évidente de la charité, l'imitation de Notre-
Seigneur dans la souffrance. On sait avec qu'elle

ardeur les saints embrassent la Croix, et quelle part
ils ont fait dans leur vie aux austérités et à la péni-
tence. La vénérable servante de Dieu ne pouvait
manquer à cette loi; et bien que les faits, ainsi que
nous l'avons fait entendre, ne nous aient pas été
transmis, on peut dire sans témérité, parlant de
ses mortifications, ce qu'il faut affirmer également
de ses autres vertus, que sa conduite était en tout
point un modèle héroïque pour les religieuses du
monastère qu'elle habitait. Il ne faut pas s'étonner
de posséder si peu de détails sur cette existence
admirable; autant Dona Béatrix était attentive à
cacher sa beauté, autant elle était industrieuse à
dérober à tous les regards les richesses de sa belle
âme. Malgré tous ses efforts, Dieu permit que
l'esprit prophétique dont elle était favorisée, aussi
bien que la connaissance qu'elle avait des cœurs
et d'autres faveurs surnaturelles éclatassent au
grand jour. C'est par des phénomènes mystérieux
que Dieu se plaisait parfois à lui révéler ce que
l'avenir lui préparait.

Une nuit que, suivant son habitude, elle était
restée au chœur après la récitation des Matines
pour se livrer à la prière, la lampe qui brûlait
devant le Saint-Sacrement avec une vive lumière
s'éteignit tout à coup. Béatrix, surprise de ce fait,
ne le fut pas moins lorsqu'un instant après elle
vit la lampe se rallumer d'elle-même. En même
temps, elle entendit une voix qui lui disait :

« Ainsi il en sera de votre Ordre après votre mort. Il brillera dans l'Eglise comme une lampe étincelante ; mais à peine aura-t-il commencé à répandre sa vive lumière, que la persécution fondra sur lui pour l'étouffer ; mais l'épreuve ne sera pas longue, parce que ma providence suscitera une main qui la ranimera, et, dès lors, elle jettera jusqu'aux dernières frontières du monde un tel éclat, que les plus profondes ténèbres ne pourront prévaloir contre elle. » Cette prophétie s'est accomplie à la lettre.

Dieu se plaît ordinairement à marquer les origines de ses grandes œuvres d'un caractère merveilleux, afin d'attirer, par la renommée de ces prodiges, l'attention des hommes et les disposer à concourir plus volontiers à leur accomplissement. Ces interventions surhumaines n'ont pas manqué à la fondation de l'ordre de la Très-Pure-Conception de Marie, à laquelle Dieu avait préparé les voies, en étendant au loin la réputation de la vénérable Dona Béatrix de Silva. La prospérité de ses premières années, les infortunes cruelles qui les avaient suivies, les vertus héroïques dont elle avait donné pendant plus de trente ans un si bel exemple dans le couvent qu'elle habitait, l'avaient fait connaître dans toute la Péninsule.

Le moment approchait où la grande œuvre, pour laquelle avait été réservée la servante de Dieu, allait prendre un commencement. Un jour, c'était en 1484, que Béatrix, perdue dans une profonde oraison, s'offrait à la sainte Vierge comme une victime d'amour, prête à tout affronter pour sa gloire, la Reine du ciel lui apparut, revêtue, comme la première fois qu'elle s'était montrée à ses regards, de l'habit de la Conception. Après l'avoir remerciée des bons sentiments de son âme, elle ajouta : « Ma fille et ma servante fidèle, le temps est venu où, pour l'honneur de ma pure Conception, le pouvoir, la sagesse et l'amour de mon Fils chéri veulent établir dans son Eglise l'ordre religieux dont je vous ai déjà entretenue. Et puisque sa bonté a daigné vous choisir pour en être le premier fondement, mettez courageusement la main à l'œuvre. Les secours ne vous feront pas défaut : profitez de tous ceux que vous fournira le Ciel, et comptez toujours sur ma prompte et efficace assistance. » Béatrix se sentit au moment même revêtue d'une force spirituelle capable de lui aider à triompher de toutes les difficultés qui devaient naturellement s'opposer à son entreprise. L'illustre vierge comprit bien vite qu'un des secours les plus puissants qu'elle pourrait trouver pour son œuvre serait d'y intéresser la reine Isabelle la Catholique. Isabelle était fille de la princesse portugaise qui avait amené Béatrix en Castille. Dans un entretien qu'elle eut avec cette souveraine, qui la visitait fréquemment, la vénérable vierge lui communiqua son projet : Isabelle l'accueillit avec tant de faveur, qu'elle voulut à l'instant même contribuer à la fondation du premier monastère, en affectant à cette destination un de ses palais. Ce fut en cette circonstance que la reine, désireuse de constater de ses propres yeux ce que la renommée racontait de la beauté de Dona Béatrix, lui commanda, en vertu de son autorité de souveraine, de lui parler à visage découvert. La sainte obéit avec une modestie et une pudeur qui, se trahissant sur son visage, ajoutèrent un tel charme à l'éclat dont Dieu s'était plu à l'embellir, que, durant quelques instants, Isabelle, ravie du spectacle, resta sans parole, ne conservant de force que pour admirer cette créature privilégiée. La servante de Dieu comptait alors près de soixante ans ; mais ses traits, loin d'avoir été altérés par cette longue vie, paraissaient d'autant plus gracieux, qu'ils avaient résisté aux ravages du temps.

Le premier monastère de l'ordre reçut pour patronne la célèbre vierge martyre d'Agen, sainte Foi. On donna son nom à la maison confiée à sa protection, et ainsi fut continué son culte, depuis longtemps en honneur dans un petit ermitage voisin, dont la chapelle servit d'église à la nouvelle fondation. Quand tout eut été disposé d'une manière convenable dans le couvent, la vénérable vierge quitta celui de Saint-Dominique au milieu des témoignages d'affection des religieuses, qui ne pouvaient cacher leur amère douleur, et elle entra dans sa nouvelle demeure, qui, dès ce jour, prit le titre de monastère de la Conception. Douze jeunes filles, appartenant à des familles distinguées et d'une vertu éminente, suivirent son exemple. Cinq ou six ans s'écoulèrent, pendant lesquels ces saintes personnes vécurent de la vie religieuse, se soumettant, avec une régularité et une piété parfaites, à toutes les prescriptions qui leur étaient imposées par leur vénérable Mère. Leur costume était celui de l'ordre de la Conception, tunique et scapulaire blancs, manteau couleur d'azur, et la ceinture pareille au cordon de chanvre porté par les religieux de Saint-François. La communauté naissante ne suivait néanmoins aucune des règles religieuses, et ne se rattachait par aucun lien d'obéissance à un ordre existant en ce moment dans l'Eglise. On verra dans cette disposition une preuve de la prudence de cette sainte fondatrice, qui, voulant profiter des leçons de l'expérience, faisait d'abord comme un essai de la vie religieuse, et habituait ainsi peu à peu ses filles à l'esprit qui devait les animer.

Après ce noviciat de cinq ou six années, Dona Béatrix, voyant que toutes persévéraient dans leur saint désir de se vouer au culte de la très-pure Conception de MARIE, sollicita de la reine Isabelle son intervention auprès du Saint-Siége pour obte-

nir l'approbation du costume qu'elles avaient re-
vêtu, aussi bien que celle de l'office particulier
qu'elles récitaient en l'honneur de l'Immaculée-
Conception. La sainte demandait en même temps
l'érection de sa maison en monastère et la per-
mission de suivre la règle des Cisterciens. Inno-
cent VIII occupait alors la chaire de Saint-Pierre.
Ce pontife accueillit favorablement la supplique
qui lui fut présentée au nom de l'illustre princesse,
et, l'an du Seigneur 1489, il donna une Bulle dans
laquelle il accordait, avec quelques légères modi-
fications, tout ce qui lui était demandé, et concé-
dait, en outre, plusieurs faveurs et priviléges qui
témoignent de sa bienveillance pour la nouvelle
fondation.

Béatrix de Silva connut miraculeusement le
succès de cette négociation le jour même où la
Bulle fut expédiée. Un jeune homme, d'un aspect
plein de charmes, se présenta au parloir du monastère, et annonça qu'il arrivait de Rome en toute
hâte pour annoncer à la vénérable fondatrice que
la Bulle sollicitée avait été accordée par le Souverain-Pontife. Après avoir fait connaître à Dona
Béatrix cette heureuse nouvelle, le jeune voyageur
disparut, et la sainte, le cœur plein d'une vive
allégresse, n'eut pas de peine à comprendre que
Dieu s'était hâté de l'avertir de la faveur qui lui
était accordée, pour qu'elle se hatât elle-même de
lui témoiger sa reconnaissance. Elle ne douta pas

que ce gracieux messager ne fût le glorieux archange Raphaël, pour lequel elle avait toujours professé la plus tendre dévotion.

Un prodige encore plus éclatant signala l'arrivée de la Bulle à Tolède. Le navire sur lequel avait pris passage le courrier chargé de l'apporter en Espagne fut surpris par une si terrible tempête, qu'il fut coulé à fond. Ce ne fut que par une intervention manifeste de la miséricorde divine que l'équipage put échapper à la mort; mais, avec tout ce que portait le vaisseau naufragé, avait disparu la cassette dans laquelle était renfermé le document pontifical.

La nouvelle de ce sinistre affligea profondément la vénérable Mère; elle ne perdit pas cependant courage, et, pleine de l'espoir que l'Epoux divin auquel elle s'était donnée saurait empêcher que cet acte si précieux ne pérît, elle passa trois jours entiers dans une fervente prière, demandant avec larmes que sa confiance ne fût pas trompée, et implorant, pour obtenir cette faveur, l'intercession de la très-sainte Vierge. Ses prières ne furent pas vaines. Comme elle ouvrait par hasard, le soir du troisième jour, une cassette, elle vit avec étonnement, posé sur d'autres papiers, un parchemin plié en deux : sa surprise redoubla lorsque, ayant appelé toutes les religieuses et les personnes qui étaient dans le monastère, elle constata qu'aucune d'elles n'avait connaissance de ce parchemin.

La sainte fut aussitôt inclinée, avec une consolation très-douce qui remplit son âme, à soupçonner dans ce papier écrit en latin une manifestation de la Providence divine en faveur de la nouvelle fondation. Elle se hâta d'informer de cet événement l'évêque de Cadix, qui, se trouvant en ce moment à Tolède, voulut bien se rendre au monastère de la Conception. A peine le prélat eut-il parcouru le parchemin qu'il ne put retenir des larmes de joie. C'était bien en effet l'original de la Bulle délivrée à Rome, préservée, par un prodige éclatant, du naufrage dans lequel elle devait naturellement périr, et apportée sans doute par la main des anges dans la cellule de la vénérable servante de Dieu.

On comprend le bonheur de Dona Béatrix et sa reconnaissance qui redoubla lorsque, quelques instants après, alors qu'elle s'occupait de rendre grâces au Ciel, un ange lui apparut pour l'assurer que ce qu'elle avait soupçonné était vrai, et que Dieu avait multiplié les miracles pour lui donner la consolation qu'elle ressentait. L'archevêque de Tolède, après avoir examiné minutieusement les détails de cet événement merveilleux, voulut qu'il fût publié, afin que tous pussent unir leurs témoignages de reconnaissance à ceux de l'illustre et sainte vierge.

Une solennité fut préparée à cet effet, afin de rendre la manifestation plus éclatante, et la ville

entière prit part avec grande joie à cette cérémonie.
Nous ne donnerons pas dans cette notice abrégée les
détails de ce jour qui produisit, dans l'esprit de
tous ceux qui participèrent à cette fête, une profonde impression.

L'ordre de la Conception-Immaculée de MARIE
était dès lors fondé canoniquement, et les premières enfants de cette nouvelle famille religieuse
eurent le droit, d'après les prescriptions de la
Bulle, de prendre, dans le courant des quinze
jours qui suivirent sa publication, l'habit dont il
a été parlé.

Mais, tandis que la cité entière était dans une
sainte allégresse et se préparait à la solennité qui
devait accompagner ces prochaines vêtures, la vénérable fondatrice fut saisie subitement, cinq jours
après la publication de la Bulle, par une fièvre
brûlante accompagnée des plus graves symptômes ;
elle eut en même temps connaissance que sa mort
était certaine, et c'est l'immaculée Mère de DIEU
elle-même qui voulut la prévenir que l'heure de
sa fin était venue. Ce fut dans une apparition qui
remplit l'âme de sa fidèle servante des consola-
tions les plus douces que la sainte Vierge daigna
lui en donner l'assurance ; comme il arrive le plus
souvent pour les âmes privilégiées, DIEU voulut
que l'épreuve fût mêlée aux ravissements dont le
cœur de la sainte fut rempli à la nouvelle que le
séjour de la gloire allait s'ouvrir pour elle ; elle

dut renoncer à la joie de voir ses enfants se revê-
tir solennellement du cher habit de l'ordre qu'elle
avait fondé.

Dona Béatrix, ainsi avertie, se disposa aussitôt
à mourir saintement. Elle fit prier son confesseur
de venir l'aider dans ce moment suprême, et, en
vertu du privilége qui lui était concédé par la
Bulle pontificale, elle reçut de sa main l'habit
et le voile des religieuses de l'Immaculée-Conception.

La servante de Dieu, heureuse d'être revêtue de
ces saintes livrées, attendit doucement l'heure du
départ. Les soins les plus empressés et les plus
intelligents furent inutiles pour arrêter la maladie.
Lorsque le moment vint d'administrer les derniers
sacrements à l'illustre malade, et qu'il fut nécessaire, pour lui faire les saintes onctions, de soulever le voile qui couvrait son visage, il s'échappa de
sa figure, mise ainsi à découvert, une telle splen-
deur que le prêtre et les assistants en furent
éblouis ; il fallut s'arrêter assez longuement avant
de pouvoir continuer la cérémonie. En même
temps qu'éclatait cette vive lumière, il parut sur
le front de la vénérable mourante une brillante
étoile d'or qui attira tous les regards. Ce ne fut
pas sans une profonde émotion que tous ceux qui
étaient présents virent ce signe par lequel Dieu
semblait se plaire à faire connaître la sainteté de
sa servante. L'administration de l'Extrême-Onction

fut enfin terminée et, tandis que les assistants
étaient dans la stupeur et les larmes, Dona Beatrix,
dans la paix que donne l'assurance de la bienheureuse éternité, laissait la mort achever lentement
son œuvre. Un paisible soupir annonça que les
derniers liens qui la retenaient sur la terre étaient
rompus, et ce fut dans cet élan d'amour que son
âme très-pure s'échappa pour monter au ciel.
C'était l'an de Notre-Seigneur 1490. Dona Béatrix
de Silva avait environ 65 ans.

Cette illustre vierge venait à peine d'expirer
qu'elle apparut, pleine de gloire, à un saint person-
nage, éloigné en ce moment de Tolède, et l'avertit
de se rendre immédiatement dans cette ville pour
y défendre sa nouvelle famille religieuse contre
les perfidies et les attaques du démon. Ce saint
homme partit à l'instant et vint avec grande dili-
gence au lieu où la servante de Dieu avait quitté
la terre, et tout ce qu'il apprit se trouva conforme
à ce qui lui avait été dit dans la vision dont il
avait été favorisé.

Les orages prédits par Dona Béatrix commen-
cèrent immédiatement après sa mort, et la posses-
sion de ses saintes reliques en furent la première
occasion. Le couvent de Saint-Dominique, qu'elle
avait habité quarante ans, les réclamaient vivement,
comme il prétendait aussi s'unir toutes les nouvelles religieuses, sous prétexte qu'elles ne se rat-
tachaient à aucune des familles approuvées par

l'Eglise. Ce ne fut pas sans peine qu'on parvint à réprimer ces prétentions. Il ne fallut rien moins que l'intervention de l'archevêque lui-même.

Quand toutes les difficultés eurent été aplanies, on procéda aux funérailles, qui furent célébrées au milieu d'un concours de fidèles qui faisaient retentir l'éloge de celle qu'ils appelaient la *sainte* et une *femme du ciel*.

Les avances faites par les religieuses du couvent de Saint-Dominique avaient ébranlé la résolution de quelques-unes des aspirantes à l'ordre fondé par la vénérable Béatrix, et son œuvre paraissait menacée de mort avant d'avoir commencé à vivre, lorsque Dieu envoya pour la soutenir un de ses serviteurs, homme de grande autorité et d'éminente vertu. Il parvint à raffermir les vocations chancelantes ; et huit jours après la mort de la fondatrice, il donna lui-même le saint habit de l'ordre de la Conception aux douze premières religieuses qui l'embrassèrent. Ainsi fut posée définitivement la première pierre de cet édifice contre lequel Satan ne tarda pas à soulever de nouvelles tempêtes.

Il serait trop long de raconter en détail tout ce que sut inventer la malice infernale contre les enfants de Béatrix de Silva : le triomphe du démon fut de susciter, dans le sein même du monastère, de si graves dissensions, que le saint cardinal Cisneros, chargé par le Souverain-Pontife de travailler à la réforme des ordres religieux en

Espagne, dut employer tous ses efforts pour rétablir la paix.

Son intervention était d'autant plus nécessaire que les fidèles, instruits des troubles qui remplissaient le couvent, ne voulaient plus le soutenir de leurs aumônes. Le cardinal se crut obligé, pour arriver à ses fins, de diviser les religieuses de la Conception et de leur assigner pour demeure deux monastères différents.

Cette mesure imposait l'abandon de la maison qui avait été le berceau de l'ordre, et le cardinal ayant soumis les nouveaux couvents à des familles religieuses distinctes, il semblait que l'œuvre de Béatrix de Silva était condamnée à périr avant d'avoir pu vivre. Ainsi se trouvait réalisée la vision prophétique de la lampe qui s'éteint tout à coup et l'explication qu'avait reçue de ce prodige la sainte fondatrice.

Mais Dieu, qui se plaît à tirer le bien du mal, ne permettait ces bouleversements que pour relever du milieu même de ses ruines l'ordre de la Conception et l'élever sur des fondements plus solides. Le monastère dans lequel s'étaient retirées les religieuses fidèles à l'esprit de la vénérable Béatrix, fut bientôt si grandement édifié de leurs vertus, qu'il demanda tout entier à suivre une manière de vivre qui menait à une pareille perfection, et la négociation ayant été commise au cardinal Cisneros, celui-ci, après avoir tout examiné avec une

prudente maturité, obtint du souverain-pontife
Alexandre VI une Bulle qui permettait aux sœurs
de ce monastère d'échanger leurs observances et
leur habit contre la règle de Sainte-Claire et la
soumission à la famille franciscaine, les deux
points essentiels du nouvel institut. Celles des premières aspirantes à l'ordre de la Conception que
l'on avait dû envoyer dans une autre maison, ne
tardèrent pas à se repentir de leur conduite, et de-
mandèrent à se réunir de nouveau à leurs premières compagnes. La paix se trouva ainsi rétablie, et
l'œuvre de la vénérable Béatrix sortit de cette
tempête avec un notable accroissement que tous
les habitants de Tolède saluèrent avec joie.

Les Sœurs de l'Immaculée-Conception vécurent
dès lors dans la paix et la pratique des plus parfaites vertus. Elles suivirent durant quelques
années la règle de Sainte-Claire, jusqu'au moment
où le cardinal Cisneros, qui se regardait comme le
restaurateur de cet ordre illustre, crut qu'il était
bon de lui donner des constitutions particulières,
pour lesquelles il obtint l'approbation du pape
Jules II. L'ordre n'en resta pas moins sous la
direction des Franciscains.

A peine cette forme définitive eut-elle été donnée à l'illustre famille religieuse que Dieu avait
fondée par Béatrix de Silva, que de tous côtés se
présentèrent, pour en faire partie, des jeunes filles
appartenant aux plus nobles familles de la chré-

tienté. Moins de vingt ans après, l'ordre comptait déjà en Espagne seulement plus de trente monastères, qui renfermaient chacun un nombre considérable de religieuses. Il fallut promptement franchir les frontières du pays qui avait été le berceau de cet ordre ; la France et l'Italie n'eurent rien à envier à l'Espagne, et se couvrirent de couvents par la pratique des plus excellentes vertus, consacrés à honorer la Conception immaculée de MARIE.

DIEU donnait ainsi à sa fidèle servante la gloire d'une nombreuse postérité spirituelle qui, vivant de l'esprit qui l'avait animée, perpétuait ses vertus et son nom. Là ne se borna pas la récompense sur la terre. La bonté divine veut que les reliques des saints soient entourées de vénération : elle les conserve au travers des siècles avec un soin jaloux, et multiplie autour d'elles les témoignages de respect et d'amour, parce qu'elles ont été les instruments des âmes qui l'ont servie avec honneur et dévouement. Cette gloire n'a pas manqué à la vénérable Béatrix de Silva. Ses ossements furent bientôt en si grande estime que les religieuses de l'Immaculée-Conception, à qui on disputait les restes précieux de leur fondatrice bien-aimée, furent obligées de solliciter l'intervention du Souverain-Pontife, qui commanda, sous peine des censures les plus graves, au monastère de Saint-Dominique-le-Royal, d'avoir à rendre, dans le délai de trois heures après intimation, aux Sœurs de l'Immaculée-Conception ce trésor sacré. On devine avec quelle allégresse il fut reçu par les filles de Béatrix. Un événement miraculeux, qui signala cette translation, redoubla la joie de ces religieuses. Au moment où l'on se préparait à mettre les ossements de cette vénérable servante de Dieu dans un nouveau cercueil qui devait être renfermé dans le tombeau qui lui était destiné, il sortit du coffre qui les renfermait une odeur si suave que l'ouvrier employé à cette œuvre, saisi d'une émotion profonde, refusa de continuer son travail et réclama l'intervention d'un prêtre pour achever de déposer dans la châsse les restes d'une personne dont la sainteté était manifestée par un prodige aussi éclatant. Le confesseur des religieuses vint alors, et, en présence de toute la communauté qui constata le prodige, il plaça ces sacrés ossements dans le lieu assigné.

La même merveille se renouvela, en 1618, dans une nouvelle translation des reliques : un monument authentique fut dressé pour en conserver la mémoire et apprendre aux générations futures que les ossements de la grande servante de Dieu exhalaient, plus de cent ans après sa mort, une odeur céleste à laquelle on ne peut comparer aucun des parfums de la terre. Le chef de la sainte, gardé à part et enfermé dans un riche reliquaire, servit d'instrument pour opérer un grand nombre de miracles, dont il est fait mention dans le procès qui fut instruit quand fut introduite la cause de l'illustre fondatrice. Ce serait faire injure à cette sainte Dame, dit l'auteur de la *Chronique franciscaine* que nous avons résumée, de ne pas rapporter au moins un miracle obtenu par son intercession. Nous suivrons donc l'annaliste, et terminerons cette notice en lui empruntant le récit suivant :

« Dona Andrea de Roxas, religieuse professe du couvent de la Très-Pure-Conception de MARIE, à Tolède, étant tombée malade, en fut bientôt reduite à une telle extrémité qu'il fallut lui administrer les derniers sacrements. Abandonnée par les médecins, elle n'avait plus qu'un souffle de vie lorsqu'on lui appliqua, suivant le désir qu'elle avait exprimé, le chef de sa vénérable Mère. A peine en eut-elle senti le contact que sa respiration, qui n'était plus que le râle d'une mourante, commença à se faire plus libre et plus forte ; ses forces revinrent en même temps, et un quart d'heure ne s'était pas écoulé, qu'elle put se lever sur son séant demandant de la nourriture et ses vêtements. Elle disait à haute voix, au milieu des transports de la plus vive allégresse, qu'elle était complétement guérie grâce à l'intercession de sa sainte protectrice. On s'opposa par prudence à ses élans ; mais le lendemain elle se leva elle-même de grand matin et se rendit au chœur, où elle assista à une messe solennelle, se confessa, communia et de-

meura à genoux tout le temps que dura le *Te
Deum*, chanté en actions de grâces. Sa santé, jusque-
là constamment éprouvée, devint excellente, et elle
fut depuis si robuste qu'il fut impossible de mettre
en doute la certitude et l'efficacité du miracle. »

Ce prodige fut attesté non-seulement par les
principales religieuses du monastère, mais encore
par les médecins qui avaient soigné Dona Andréa
de Roxas dans sa maladie, par deux religieux
qui l'avaient assistée sur son lit de douleur,
lui avaient administré les derniers sacrements et
avaient fortifié son agonie. Ce fut dans le courant
du mois d'avril 1638 qu'il plut à Dieu d'opérer ce
miracle par l'intercession de sa glorieuse servante.

Ce trait, à la suite duquel il serait facile d'en
citer plusieurs autres, suffit pour montrer quel
fut, après sa mort, et quel est encore le pouvoir
de celle qui honora si grandement la sainte Vierge
par sa prodigieuse modestie et qui se consacra,
au milieu de tant d'obstacles, à procurer la gloire
de sa Conception immaculée.

Puissent ces quelques pages, destinées à rappeler ce que fut et ce qu'entreprit cette illustre
vierge, exciter dans les âmes l'amour de la sainte
pureté et le dévouement envers la Mère très-bonne
à laquelle Dona Béatrix de Silva a eu le bonheur
de donner une famille si nombreuse et si riche en
vertus.

Toulouse. — Imp. Hébrail, Durand et Delpuech, rue de la Pomme, 5

343